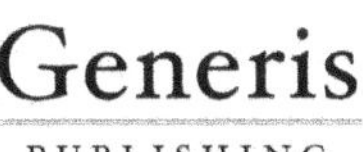

# Comunicación emocional

José Javier Sánchez Aranda

Title: **Comunicación emocional**

ISBN: 979-8-89248-961-4

Author: José Javier Sánchez Aranda

Cover image: www.pixabay.com

Publisher: Generis Publishing
Online orders: www.generis-publishing.com
Contact email: info@generis-publishing.com

# Comunicación emocional

*José Javier Sánchez Aranda*

# ÍNDICE

Las realidades más sencillas y simples en apariencia resultan, con frecuencia, difíciles de entender. Algo tan común y reiterado como leer o contemplar se convierte en una actividad más compleja, en tanto que las lleva a cabo cualquier persona humana y esta siempre es misteriosa. La complejidad viene dada no por las acciones en sí mismas consideradas, sino por el sentido que poseen.

En el caso de la comunicación humana como fenómeno social, nos enfrentamos a esta misma dificultad. No es complicado entender el contenido de un anuncio o de una noticia, y las acciones de leer o de ver presentan una simplicidad apabullante. En la medida en que nos planteamos preguntas (¿qué es un periódico?, ¿cómo y por qué influye la publicidad?, ¿cuál es la intención de una campaña institucional?), surgen las dudas y se multiplican las explicaciones.

Precisamente, una de las preguntas que emergen será la clave de las páginas siguientes. La cuestión puede enunciarse del siguiente modo: ¿cuál es el papel que juegan las emociones en los fenómenos comunicativos?

Para poner este tema en un contexto adecuado, primero conviene acercarse a las diversas formas en que puede considerarse el periodismo, porque veremos cómo los cambios que se han producido guardan relación con el papel asignado a las emociones. El caso especial del Periodismo Deportivo arroja luz acerca de la mencionada cuestión. Luego, en segundo término, será el turno de aplicar las ideas anteriores a la televisión y a su capacidad de crear espectáculos, que conecta con un tipo de programas de ficción especialmente significativos. Una vez dado el paso anterior, será el momento de abordar cómo afectan a las personas determinados contenidos audiovisuales conectados con lo visto en el epígrafe anterior. Así, en cuarto lugar, llegaremos al apartado clave, que se fijará en la respuesta emocional de la audiencia y algunos estudios que se han centrado en analizarla. Una modalidad de esa respuesta es la referida al fenómeno de los fans, que se ha convertido en las últimas décadas en un ámbito de investigación muy visitado por los estudiosos. Y terminaremos, en un último capítulo, con una referencia a cómo conviene ayudar a la audiencia a asimilar el contenido de los medios de comunicación.

# 1. Emociones en el periodismo

## 1.1. La racionalización de la actividad periodística

Como veremos a continuación, el periodismo se contempló con el paso de las décadas como una actividad regida por los principios típicos del racionalismo. Si el padre del periodismo francés, Théophraste Renaudot, comparaba al periodista con el historiador (Renaudot, citado en Albert, 2005), a fines del siglo XIX se quiso formular su actividad desde los presupuestos propios del positivismo, entonces omnipresente en todos los ámbitos sociales. Así como se acuñó el término de "publicidad científica" (Fox, 1998) o el de "propaganda científica" (Álvarez, 2012), no se aplicó ese adjetivo a la labor de los periodistas. Con todo, ese término encaja perfectamente en el modo de entender el periodismo.

Efectivamente, se empezó a considerar la actividad informativa en términos de objetividad; esa expresión quedaba vinculada a otra sinónima, la de calidad. Se decía entonces que un periódico era objetivo si se consideraba que estaba bien hecho, que decía la verdad, que no engañaba a los lectores. En este sentido, se proponía un ideal que fuera acorde con un modo de conocer la realidad que se calificaba como riguroso, propio del científico, quien entonces estaba aureolado con el prestigio de los avances técnicos que llenaban de asombro a las personas de fines del siglo XIX y les llevaba a pensar ilusamente en el progreso indefinido (Bryant 2004).

El periodismo se contemplaba como una fuerza poderosa para la reforma social, como un instrumento de primer orden que serviría para crear ciudadanos ejemplares y preocupados por la mejora del país. Existía un sentimiento de construcción de la sociedad que llevaba a valorarlo por encima de profesiones que se consideraban también esenciales. Así hay que entender el consejo que recibió Jakob Riis para que no se hiciera pastor protestante, porque siendo periodista haría un mayor bien.

Uno de los que han pasado a la historia como representante acabado del periodismo de calidad fue Joseph Pulitzer. Su deseo de elevar el nivel periodístico ha quedado materializado en los premios que llevan su nombre y que siguen concediéndose anualmente para destacar la excelencia (Hohenberg 1959 y Swanberg 1967). Otra de las aportaciones que cabe concederle, aunque no en exclusiva, es el impulso que dio para que las enseñanzas universitarias acogieran y potenciaran ese modo de entender la tarea propia del periodista. Con la fundación en 1912 de la Escuela de Periodismo de Columbia en Nueva York, se hizo realidad ese deseo, que había quedado plasmado en su testamento de diez años antes (Sánchez, 2002).

En el momento en que se planteó la necesidad de comprender qué era la actividad informativa, se hizo presente el cientifismo que parecía triunfante en otros ámbitos del saber. Téngase en cuenta que en los años en que se inician las enseñanzas universitarias del periodismo, estaban dando sus primeros pasos las que luego se han denominado ciencias sociales. Estas no son más que un intento de aplicar el método científico de las ciencias naturales a la realidad de la persona que vive en sociedad. Por esa influencia de la biología, la física, la química u otras disciplinas afines, el método empírico de investigación que habían desarrollado quedó consagrado como el mejor y casi único que permitía elaborar lo que comúnmente se entendía por ciencia (Mindich, 1998, Kaplan 2002). Se pensaba que tal forma de contemplar la racionalidad era la explicación del adelanto de la humanidad, sobre todo en el aspecto técnico, que asombraba a todo el mundo (González 1998).

Con estos principios, el periodismo se ha venido entendiendo como la correcta expresión de la realidad, una forma de ofrecer la visión adecuada de lo que sucede (Schudson 1078 y 2001). Esta manera de explicar la tarea periodística, con tintes científicos, es la que está detrás del famoso adagio de que "los hechos son sagrados, pero las opiniones son libres" (Scott, 1912). Así se concretaba el empirismo un tanto ingenuo que se llevaba hace un siglo. La actividad periodística ha sido contemplada como instrumento para hacer una construcción simbólica de la sociedad (Lichtenberg 2000).


## 1.2. Cambios en la consideración de la tarea informativa

Han sido los propios medios periodísticos los que han defendido una perspectiva realista que se puede calificar como ingenua. Ellos han sido los que tendieron lo que podemos denominar como "trampa" de dimensiones globales. No es raro que este periodismo se fundamente en este engaño porque responde a los intereses de una empresa que usa la noción de verdad para reconocerse como altavoz del discurso hegemónico. El periodismo que defiende esta simulación global de apariencia realista creía que sus narraciones son verdades que reflejan una realidad empírica, y que el periodista es objetivo y puede captar los hechos empíricos tal y como son en la realidad, y que a la realidad no le hace falta ninguna otra explicación que no sean los hechos demostrables (Daston 2010). El periodista queda como una mera herramienta automatizada.

Como consecuencia de lo anterior, la actitud exigida a los reporteros era de distanciamiento respecto a los acontecimientos, para asegurar que no se introducían elementos que pudieran distorsionar la tan ansiada búsqueda de la objetividad (López 2017). Todo aquello que cupiera calificar como subjetivo no se podía aceptar (Donsbach 1993). Por esto, las emociones no tenían cabida: solo lo serio era aceptable.

Lo referido al tono circunspecto y casi solemne no se aplicaba ni a todo tipo de noticias ni a cualquier publicación. Era claro que determinados contenidos eran ligeros y no exigían unos modos de informar que pudieran calificarse como serios. Ni en los artículos de sociedad o de deportes, por ejemplo, se podía adoptar un tratamiento frío o despegado. Lo mismo se podía aplicar a una prensa popular que se guiaba por unas reglas bien alejadas del periodismo serio y de calidad, pues fueron las noticias sensacionalistas las que llenaban sus portadas y buena parte de sus páginas.

De esta forma, se pudo establecer una división antagónica entre diarios de calidad, de gran formato, centrados en los contenidos políticos, económicos y culturales interesantes para una minoría dirigente, y otros de bajo nivel, formato pequeño y con una superabundancia de crímenes, inmoralidad y sexo. En algunos países, especialmente en el Reino Unido, se trataba de dos formatos que no competían entre sí, por dirigirse a públicos distintos.


## 1.3. Objetivismo y subjetivismo

Si nos centramos específicamente en la apelación a lo emocional, la diferencia entre el objetivismo, característico de la prensa de alto nivel, y el sensacionalismo, típico de la popular, era evidente. En el primer caso, se rechazaba por ir contra los principios de un periodismo entendido como un garante de un determinado tono intelectual y moral. Para los periódicos sensacionalistas, por el contrario, no suscitaba ningún problema el que fueran las emociones un componente característico de sus páginas, pues eso es lo que interesaba realmente a su audiencia.

Esta doble vía del periodismo quedó consagrada a fines del siglo XIX, cuando la prensa popular desbancó en tirada y en influencia a la de calidad. En varios países, la primera alcanzó una difusión que se contabilizaba por millones de ejemplares y fue la que explicó que se pudiera hablar de aquellos años como la edad dorada del periodismo.

Pero los tiempos han cambiado mucho desde entonces y la actividad periodística no solo ha ido transformándose, sino que también se ha profundizado más en su conocimiento, y ahora podemos decir que sabemos mejor qué es (Rodríguez 1998).

Conforme se ha producido la crisis de la racionalidad en el pasado siglo y se ha ido apreciando que no eran adecuados los principios entonces triunfantes, también el periodismo ha cambiado. La objetividad proclamada es incompatible con la variedad y la falta de uniformidad que apreciamos cada día cuando comprobamos que cada diario es diferente de los otros. Aunque puedan ser muy parecidos, no son iguales. En la medida en que los principios editoriales difieren, la selección informativa es distinta, se concede diferente importancia a unos hechos respecto a otros, y el modo de presentar la realidad se hace en función de quiénes son compradores o lectores habituales. Podríamos poner muchos ejemplos. No hacen falta, porque la experiencia de cualquier persona que se acerque a los quioscos es la de que hay diferencias (Restrepo 2001).

Por esto, el público ha ido cobrando conciencia de que los planteamientos de defensa de la objetividad son falaces. Ante la desaparición de las anteriores convicciones, algunos propenden al escepticismo y caen en la negación de que pueda haber verdad en el periodismo. Esa es la reacción de quienes entienden de forma simple cómo se lleva a cabo la tarea informativa.

## 1.4. La teoría del encuadre

Para explicar el concepto de enmarcamiento, seguiré la línea de análisis que ya he desarrollado (Sánchez 2011) sobre la perspectiva de género en los medios de comunicación. Este concepto se ha convertido en un paradigma a la hora de entender lo que hacen los medios de comunicación.

Una vez planteado el problema más amplio de la objetividad, es conveniente introducir algunas nociones teóricas sobre la labor informativa. Esto permitirá comprender mejor cómo los medios enfrentan su realidad y cómo pueden mejorar su actividad. En este sentido, resulta fundamental explicar cómo los informadores transforman la realidad en contenido periodístico.

Existen múltiples formas de evidenciar que la labor informativa conlleva un componente subjetivo, aportado por el comunicador, que moldea el mensaje de manera particular. A pesar de que la tradición positivista ha insistido en la posibilidad de una comunicación aséptica, libre de la influencia del emisor (tanto a nivel individual como dentro de la estructura a la que pertenece), la evidencia en contra es tan contundente que la academia ha abandonado esta postura. Los profesionales, aunque formados en ese paradigma, han ido asumiendo progresivamente una visión distinta.

Uno de los enfoques que han surgido en este nuevo paradigma comunicativo es el del marco o encuadre (*frame*). Este concepto puede analizarse desde dos perspectivas: por un lado, la psicológica, que alude a cómo el receptor asimila la información según un determinado enfoque; y por otro, la sociológica, que considera cómo el emisor construye su producto informativo a partir de coordenadas mentales y culturales, las cuales influyen en su manera de interpretar y comunicar la realidad. En este contexto, numerosos estudios han abordado el concepto de *framing* y su aplicación en el ámbito periodístico.

El encuadre es, en esencia, un concepto intuitivo que abarca múltiples dimensiones. En términos generales, hace referencia al proceso de selección y limitación de la realidad en el mensaje informativo. Este proceso comienza en la fase de producción de la noticia y se completa con los efectos que genera en el receptor. Así, el encuadre actúa como un filtro que determina qué aspectos de la realidad son resaltados y cuáles quedan en segundo plano. De este modo, se convierte en una herramienta clave para comprender la forma en que la información es presentada y percibida.

Esta idea se refuerza tanto en el trabajo de los informadores como en la recepción del público: ambos perciben la realidad de manera parcial y la reproducen con esa misma limitación. Por ello, el encuadre funciona como un instrumento que facilita el conocimiento y la comunicación. Sin embargo, la dificultad para establecer un paradigma científico del "enmarcamiento" radica en la variedad de interpretaciones del término *frame*, presente en todas las etapas del proceso comunicativo (Sádaba 2006).

Desde la noción de "idea central organizadora" propuesta por Goffman (Goffman 1986), que permite comprender un mensaje bajo ciertos patrones, diversos autores han profundizado en este concepto. Tuchman sostiene que esta idea forma parte de la realidad misma (Tuchman 1972); Gitlin la define como un conjunto de patrones de conocimiento, interpretación, selección, énfasis y exclusión (Gitlin 1980); y Hacket añade que la ideología del comunicador es un factor determinante en el encuadre (Hacket 1982). Gamson, por su parte, señala que el marco es esencial para dotar de significado a los acontecimientos, lo que explica por qué el periodista enfatiza ciertos hechos mientras omite otros (Gamson 1989). En la misma línea, Entman afirma que el proceso informativo implica seleccionar ciertos aspectos de la realidad y destacar algunos sobre otros (Entman 1993). Una de las contribuciones más interesante en esta teoría proviene de Stephen D. Reese, quien define los *frames* como principios organizadores, socialmente compartidos y persistentes en el tiempo, que estructuran simbólicamente la sociedad a través del significado (Reese 2001).

A partir de estas bases teóricas, se han desarrollado numerosas investigaciones que han permitido delimitar el concepto y consolidarlo como un término con un significado preciso en las ciencias sociales, especialmente en el ámbito de la comunicación (Pan 1993, D'Angelo 2010, Johnson-Cartee 2005).

La reacción de una persona bien pensante ante esta teoría del encuadre podría ser la propia de un escéptico, vería como imposible la verdad en la comunicación. Este planteamiento tiene una lógica y responde a los principios del objetivismo. No se puede perder de vista que no existe una verdad absoluta en lo que tiene que ver con las personas. Enfocar de una forma determinada la realidad no quiere decir que no comunique algo verdadero. La cuestión es que lo comunicado siempre es limitado, pues es lo propio de la condición humana. El proceso de descubrir la noticia y de ponerla en circulación lleva consigo el *framing*. Otro tema es que alguien intente engañar y transmitir falsedades, pues en ese caso no hay verdad, no hay propiamente información, lo falso no informa. Por lo tanto, enmarcar lo real no se puede entender como mentir.

## 1.5. La teoría y la práctica

Los teóricos de la comunicación han señalado durante décadas que la actividad informativa es de tipo prudencial y que es imposible comprenderla en términos de precisión, exactitud o unicidad (García-Noblejas 1982). No existe el relato periodístico perfecto y, como consecuencia, único, cuando los elementos subjetivos forman parte necesaria del proceso de elaboración. En esta línea, se ha ido imponiendo la idea de que las noticias se construyen, se elaboran o "cocinan" en los medios (Tuchman 1978, Hausman 1990, Rodrigo 1993, Hess 1996); es decir, que es imprescindible introducir criterio y juicio, lo que supone rechazar una narración aséptica de los hechos.

Esta nueva forma de entender la actividad informativa ha llevado a plantear que quien argumente en términos de objetividad está ocultando sus intenciones reales. Se ha sugerido que, si alguien presenta una noticia como más objetiva, en realidad está tratando de imponer su modo de acercarse a la realidad como el único válido. De ahí que se pueda dudar de la honradez de quien se manifiesta en estos términos, pues pueden darse varios enfoques en la información y todos ser legítimos. Por esta razón, algunos autores dentro del pensamiento crítico sostienen que la argumentación basada en esos presupuestos objetivistas no es más que un ritual falso: se siguen reglas que en tiempos pasados servían, pero que ahora sabemos que no son las únicas válidas. En este sentido, defender la objetividad con demasiada insistencia puede ser un indicio de que se está ocultando algo.

Antes de abordar las cuestiones relativas a la información audiovisual, es pertinente señalar un punto clave que afecta al periodismo escrito. En este contexto, es importante destacar la influencia del denominado Nuevo Periodismo, que floreció en Estados Unidos hace más de medio siglo. El grupo de periodistas y literatos que promovieron esta nueva manera de escribir en publicaciones periódicas, especialmente revistas, aplicaron recursos propios de la literatura y compusieron textos en los que la narratividad de las noticias y las historias periodísticas adquiría un papel central (Emery 1996).

Este movimiento se inscribía dentro de los cambios contestatarios de la década de 1960, que pretendían modificar los planteamientos tradicionales para sustituirlos por otros más auténticos (Sánchez 1997). En el ámbito del periodismo, se buscaba rechazar el modelo impulsado por las empresas que dominaban el mercado y que consolidaban el sistema capitalista. Desde esta perspectiva, los diarios con mayor tirada pertenecían a la minoría que dirigía el país y eran representativos de los intereses de ese grupo que controlaba la sociedad (Cuartero 2017).

La actitud contestataria desembocó en un tipo de publicación contraria al *establishment*, lo que dio lugar a la denominada prensa *underground* (Glessing 1971, Karimova 2012). Este mismo espíritu de rebeldía se reflejó en los periodistas afines al Nuevo Periodismo, quienes se identificaban con Tom Wolfe y otros exponentes del movimiento (Boynton 2005). Su apuesta por la renovación encontró eco en la profesión periodística, que poco a poco fue incorporando nuevos modos de trabajo impulsados por esta corriente.

Estas propuestas subrayaban que el periodismo consiste en contar historias, por lo que emplea técnicas depuradas tanto en el ámbito periodístico como en el literario. En este sentido, los reportajes dejaron de ser valorados únicamente por su precisión y exactitud, y comenzaron a ser juzgados por su calidad narrativa, su capacidad para captar el interés del lector y su estilo de redacción. De esta manera, la rigidez impuesta por la visión clásica del periodismo fue desplazada en favor de un enfoque más estilizado.

Como consecuencia de este cambio en la forma de presentar la realidad, se volvió a destacar la importancia de impresionar al público y de utilizar recursos que conmovieran al lector. Con este giro, las emociones regresaron al periodismo después

de décadas de haber sido desterradas de aquellas publicaciones consideradas de
calidad.

# 2. El Periodismo Deportivo como ejemplo

Un caso ilustrativo de lo anteriormente expuesto se encuentra en una modalidad específica del periodismo. Analizar el papel de las emociones en el periodismo deportivo requiere una serie de consideraciones, como las establecidas en el epígrafe anterior, que permitan contextualizar adecuadamente la temática. En este sentido, resulta fundamental comprender las diferencias entre el periodismo deportivo y otras modalidades periodísticas, ya que ello ayuda a apreciar cómo esta especialización representa un desafío al paradigma tradicional del periodismo, lo que puede interpretarse en términos de un cambio de enfoque.

Como se ha mencionado anteriormente, la labor informativa ha sido concebida en función de la objetividad, entendida esta como un criterio de calidad periodística. Se sostenía que un periódico era objetivo en la medida en que se le consideraba bien elaborado, veraz y transparente con sus lectores. Este ideal respondía a un modelo epistemológico riguroso, similar al del método científico, el cual, a finales del siglo XIX, gozaba de un gran prestigio debido a los avances técnicos que asombraban a la sociedad de la época y alimentaban la noción de un progreso indefinido.

No obstante, el periodismo deportivo, en gran medida, se ha distanciado de estas pautas tradicionales al desarrollar estrategias discursivas propias, diferenciadas del enfoque general del periodismo informativo. Antes de profundizar en estas diferencias, es pertinente destacar algunas características fundamentales de la cobertura informativa de eventos deportivos. De manera esquemática, se pueden identificar los siguientes cinco aspectos del deporte:

1. El deporte es una actividad agónica, es decir, basada en la competencia y la lucha, lo que, en sí mismo, genera un alto grado de interés y atracción en el público.
2. Intrínsecamente, el deporte mantiene una connotación positiva, ya que siempre involucra la noción de victoria y logro, lo que enfatiza la superación y el éxito.
3. La cobertura periodística de eventos deportivos resalta con frecuencia los rasgos personales de los protagonistas, lo que favorece la identificación emocional del receptor con determinados deportistas o equipos.
4. La amplitud temática del periodismo deportivo permite abordar un extenso abanico de contenidos, lo que incrementa su potencial audiencia.

5. En las últimas décadas, el crecimiento exponencial del deporte como fenómeno social ha llevado a una mayor atención sobre su dimensión de ocio y entretenimiento, más allá de la actividad física en sí misma. Este proceso se vincula con el auge del *infotainment* o información-espectáculo, tendencia que ha adquirido una notable relevancia en los medios de comunicación contemporáneos.

El pacto de lectura en el periodismo deportivo parte de la premisa de que se dirige a aficionados, por lo que su enfoque tiende más al entretenimiento que a la información. Sin embargo, este enfoque suele derivar en un sensacionalismo descarado, donde las noticias buscan generar impacto, emoción e impresión más que ofrecer un análisis riguroso. Como resultado, el contenido se vuelve más ligero y orientado a movilizar a la audiencia.

Es fundamental recordar que, ante todo, el periodismo deportivo sigue siendo periodismo. Sus particularidades no deben afectar la esencia de la actividad periodística, por lo que debe aspirar a altos estándares de calidad, regidos por la deontología profesional. Aunque existen diversas formas de evaluar la calidad periodística, en el ámbito profesional hay consenso sobre qué prácticas son éticas y cuáles no, reflejadas en los códigos deontológicos del oficio.

Si bien es comprensible que los medios deportivos busquen identificarse con los aficionados y captar su interés, esto conlleva el riesgo de perder equilibrio informativo, comprometiendo la objetividad y la equidad. Dentro del marco del entretenimiento, es crucial evitar enfoques que trivialicen o menosprecien a los rivales, pues ello puede derivar en injusticias hacia las personas o entidades involucradas.

En todo caso, el uso del entretenimiento no debe justificar la distorsión de la información. Crear expectativas irreales al inicio de una competición, por ejemplo, puede desorientar a los aficionados y fomentar una ilusión infundada. Del mismo modo, es inaceptable que se aliente la irresponsabilidad en la afición a través de discursos que exacerban la pasión y generan una presión innecesaria sobre equipos y jugadores, como ocurre cuando se "calientan" los partidos de manera artificial.

En este sentido, resulta pertinente el consejo de Manuel Casado sobre la gestión de las emociones: "Se observa, por tanto, la importancia de ordenar adecuadamente los sentimientos, de que observen una jerarquía de los valores que los provocan. Aunque no puede decirse que los sentimientos sean buenos o malos, sí puede afirmarse que son ajustados, ordenados o desordenados. Esta jerarquía la reconocemos a veces fácilmente cuando se nos plantean conflictos entre dos valores o sentimientos de valor (por ejemplo, el placer de fumar o la salud; conservar el dinero no entregando la cartera a un delincuente que nos la reclama o mantener la integridad física, etc.)" (Casado 1987).

# 3. Los medios audiovisuales

Es hora de volver la vista a los medios audiovisuales, porque ellos también han tenido un papel destacado en el cambio del modo de entender la actividad informativa. Como ya ocurriera con los medios que les precedieron, la radio y la televisión fueron desarrollados con una finalidad que podíamos denominar de tipo técnico y una vez que el invento se hizo realidad se añadió el elemento informativo. En el momento en que se convirtieron en instrumento para una comunicación que salía del ámbito de lo personal para convertirse en medios sociales de comunicación asumieron funciones y finalidades que no se contemplaban en la fase anterior. Ninguno de estos dos medios audiovisuales se puso en marcha solo para informar de la actualidad o formar la opinión de la audiencia o entretenerla mediante las noticias (Faus 1996).

Esas funciones informativas que ejercía hasta entonces sobre todo la prensa, se incorporaron a las tareas radiofónicas y televisivas. Esto se hizo adaptando lo que se había hecho anteriormente. Así, por ejemplo, los boletines informativos radiofónicos seguían los pasos de los diarios e incluso, muy al principio, consistían en leer las noticias impresas. La televisión, a su vez, empleaba bustos parlantes para contar la actualidad de una forma que era enteramente similar a lo que hacían los locutores de radio. Hubo una imitación de formas ya empleadas antes.

Daba la impresión de que se daba una información que iba por detrás de la de la prensa, que básicamente difería en cuanto a los modos de darla. En verdad, la famosa complementariedad de los medios no era tal, sino que era un intento teórico de hacer compatibles entre sí a los medios anteriores con los nuevos.

El hecho ha sido que el público se informa más por la televisión que por la prensa, a pesar de que esta última dé más cantidad, normalmente más calidad y noticias más elaboradas (Gallup 2013). La disminución del número de lectores ha ido en correlación con el aumento de televidentes, que prefieren el medio audiovisual por muchos motivos. Por lo tanto, hay competencia entre unos medios y otros, y se plantea como excluyente: para ganar uno tiene que perder el otro.

En esa situación de lucha por la audiencia, la radio y la televisión, y más esta última, han jugado a fondo la baza de suscitar las emociones del público. La narración plana y casi átona de las noticias no encaja en las peculiaridades de lo radiofónico, y de ahí que se imponga un estilo más sentimental. En el caso de la televisión es evidente que es muy grande la capacidad de atraer que poseen las imágenes en movimiento; tanto que incluso pueden llegar a mantener en vilo a la audiencia.

Esos elementos dramáticos pueden ser forzados y no corresponder del todo con la realidad, y aquí cabría hablar de sensacionalismo; pero en otras ocasiones nos encontramos con que la fuerza de las imágenes de lo sucedido es muy grande y no cabe hablar de exageración. Valga el ejemplo de las filmaciones de desastres naturales que resultan impresionantes y que, de hecho, conmueven a quienes las ven. Como veremos más adelante, en el medio televisivo se tiende a crear espectáculos, por la capacidad de arrastre que estos poseen, y en esto viene a coincidir con esas imágenes que cobran un protagonismo informativo por los elementos visuales que incluyen. Hace unos años, en un proyecto de investigación sobre las noticias de las televisiones españolas, comprobamos que el tema que agrupaba la cantidad mayor era este. Por cierto, los colegas que vieron los resultados se quejaron por lo que ellos entendían como una crítica de los investigadores que les acusábamos de catastrofismo. No eran justos en su apreciación porque lo único que habíamos hecho había sido contar y sumar, y no habíamos actuado así con intención aviesa alguna. Sucedía y sucede que el impacto y correspondiente interés de esas imágenes es mayor que el de otras realidades que poseen más valor informativo, desde el punto de vista político, económico o cultural (Fernández 2007).

La competencia entre las emisoras de televisión, que en España se ha denominado la dictadura de las audiencias o de los audímetros, hace que la información televisiva se haya dramatizado (piénsese, como un botón de muestra, en el cambio que se ha impuesto en el modo de dar la información meteorológica) y que se haya aceptado una manera de presentar las noticias más atractiva o llamativa. El aumento de las noticias sobre crímenes y actos violentos guarda relación con esa explotación de las posibilidades expresivas del medio.

Terminamos este epígrafe, que ha tenido un carácter introductorio e histórico, para poder adentrarnos específicamente en el uso de las emociones en un tipo concreto de contenidos televisivos que cabe calificar como programas de ficción. En ellos se puede apreciar cómo sirven para suscitar en la audiencia una respuesta emocional, que viene inducida tanto por el interés de los guionistas como por la propia naturaleza de esos productos audiovisuales.

# 4. La televisión y el espectáculo como forma de entretenimiento

Los medios de comunicación cumplen tradicionalmente una triple función: informar, formar y entretener. Estas tres facetas están estrechamente relacionadas, aunque permiten diferenciar distintos aspectos de la comunicación.

En primer lugar, es importante subrayar que la realidad comunicativa siempre incluye estos tres elementos. Si bien los medios audiovisuales integran claramente estas funciones, a primera vista la prensa escrita parece centrarse en informar y formar. Sin embargo, un análisis más detallado revela que también contiene elementos de entretenimiento, pues muchas publicaciones periódicas buscan hacer más amena la experiencia de lectura.

Un aspecto más controvertido en este contexto es el concepto de *infotainment* (Labrador 2013) término anglosajón que combina información y entretenimiento. Este fenómeno se manifiesta en programas audiovisuales que intentan hacer las noticias más atractivas y accesibles al público. El desafío radica en garantizar que el rigor periodístico no se vea desplazado por el afán de captar audiencia, ya que priorizar el impacto emocional sobre la veracidad puede comprometer la calidad informativa.

El discurso televisivo representa un reto particular, pues el lenguaje audiovisual, por su propia naturaleza, resulta más atractivo que el impreso. La imagen se convierte en un elemento esencial: sin imagen, no hay noticia. Además, una imagen impactante puede convertirse en el eje central de la cobertura informativa, incluso por encima de su relevancia noticiosa. Esta realidad obliga a reconsiderar las categorías tradicionales de análisis del periodismo y adaptar los criterios de evaluación a las características del medio televisivo.

La clave del mensaje audiovisual radica en el componente emotivo, un factor fundamental e inevitable en la comunicación televisiva. Las imágenes atractivas y los sonidos envolventes activan respuestas psicológicas automáticas en la audiencia, lo que exige comprender cómo gestionar adecuadamente esas emociones en la narrativa televisiva.

La tradicional oposición entre raciocinio y emotividad ha llevado a valorar la razón como la forma más elevada del pensamiento humano, mientras que la emoción suele asociarse con un nivel inferior, más instintivo. Por ello, se tiende a descalificar los argumentos basados en la emoción, defendiendo la primacía de la racionalidad. Sin embargo, esta dicotomía resulta simplista, pues la actividad psíquica no puede segmentarse de manera tajante. La razón y la emoción coexisten, y la dimensión emotiva es inherente a la condición humana.

Desde esta perspectiva, el uso de la emotividad en los productos audiovisuales ha sido interpretado como una estrategia de manipulación. Cuando una noticia enfatiza los aspectos emocionales, se sospecha que busca conmover al público y apelar a sus instintos en lugar de presentar una visión objetiva de la realidad. Esta práctica es percibida como una distorsión intencionada de los hechos.

Antes de abordar el espectáculo televisivo, es necesario hacer una precisión sobre el sensacionalismo. En España, el término *telebasura* se ha popularizado para describir ciertos contenidos televisivos considerados degradantes y carentes de valor cultural. Esta denominación refleja el rechazo a estrategias mediáticas que apelan a lo llamativo y lo polémico para captar audiencia, a menudo en detrimento de la calidad y el rigor informativo.

El fenómeno también se ha vinculado a la denominada "dictadura de las audiencias". La feroz competencia entre cadenas televisivas ha generado una lucha constante por liderar los índices de audiencia, lo que ha llevado a priorizar los contenidos más impactantes y accesibles en detrimento de la profundidad analítica.

Algunos analistas explican el sensacionalismo como una desproporción entre contenido e imagen, es decir, cuando la forma visual predomina sobre la sustancia informativa. Sin embargo, este planteamiento resulta reductivo, pues supone que la imagen carece de contenido en sí misma. Una definición más precisa sería aquella que considera sensacionalista cualquier mensaje en el que lo emocional predomina sobre la racionalidad, especialmente cuando esto se emplea como herramienta de manipulación.

El espectáculo televisivo merece una reflexión aparte. La Real Academia Española define *espectáculo* como una "cosa que se ofrece a la vista o a la contemplación intelectual y que es capaz de atraer la atención y mover el ánimo infundiéndole deleite, asombro, dolor u otros afectos". Esta definición encaja perfectamente con ciertos contenidos televisivos que buscan impactar al espectador.

La cuestión central es si esta espectacularización es positiva o negativa (Ferrés 2000). La televisión, por su naturaleza, tiende a destacar elementos llamativos y visualmente atractivos. Esto no significa necesariamente que el medio deba ser criticado por enfatizar lo espectacular, pues el lenguaje televisivo se basa en gran medida en la imagen y la emoción.

Desde sus inicios, la historia de la televisión ha estado marcada por la transmisión de grandes eventos, desde los Juegos Olímpicos de Berlín en 1936 hasta la actualidad. Estos acontecimientos se convierten en espectáculos gracias a su retransmisión televisiva, lo que demuestra que el medio no solo difunde información, sino que también crea experiencias visuales y emocionales.

En este contexto, se pueden distinguir tres formas en las que la televisión y el espectáculo interactúan:

1. El acontecimiento es un espectáculo en sí mismo. En este caso, la televisión se limita a retransmitir el evento, como ocurre con los eventos deportivos o los conciertos.
2. La televisión genera sus propios espectáculos. En esta categoría entran los programas de entretenimiento, concursos y series de ficción, que son diseñados con el objetivo explícito de atraer audiencia.
3. La televisión transforma en espectáculo eventos ordinarios. Este es el aspecto más controvertido, ya que implica la manipulación de la realidad para hacerla más atractiva. Programas de *telerrealidad* o debates con invitados extravagantes son ejemplos de cómo se puede construir un espectáculo sin que la materia prima tenga un valor intrínsecamente espectacular.

El tercer caso es el más problemático, ya que puede implicar una tergiversación de la realidad mediante recursos técnicos y narrativos. La creación artificial de estrellas mediáticas o la exageración de sucesos triviales son ejemplos de cómo la televisión puede fabricar espectáculo a partir de elementos de escaso interés.

Es innegable que casi cualquier suceso puede ser presentado como espectacular, pero es cuestionable cuando esta estrategia implica la distorsión de los hechos o la exaltación de aspectos morbosos sin considerar su impacto en la audiencia. En este sentido, la televisión no debería escudarse en la demanda del público para justificar contenidos de dudosa calidad o valor educativo.

El debate sobre la espectacularización de la televisión no se puede reducir a una simple dicotomía entre racionalidad y emoción. La televisión, por su propia naturaleza, combina ambos elementos y no es intrínsecamente negativa por apelar a lo emocional. Sin embargo, el reto radica en encontrar un equilibrio que evite la manipulación y el sensacionalismo en favor de un entretenimiento que respete la inteligencia y la sensibilidad del espectador.

# 5. Los efectos de los contenidos audiovisuales

Respecto a los procesos psicológicos que se desatan ante los productos audiovisuales no hay un modelo que se pueda considerar definitivo para explicar en qué consisten y cómo se van desarrollando. A los investigadores les ha atraído esta complejidad y han articulado el concepto de implicación personal ("involvement" o también "engagement") como una confluencia de varias dimensiones (Dahlgren 2023). En él se incluyen facetas de tipo cognitivo, pues el atractivo suscitado se mueve en el terreno del interés de conocer algo o de saber acerca de lo que no está a nuestro alcance. También suelen considerarse aspectos emocionales, en tanto que la contemplación de esas imágenes puede influir en los estados de ánimo o provocar reacciones de alegría, de terror, de desdén. En realidad, la implicación se explica como el grado de la respuesta emocional ante un determinado mensaje que desata procesos psicológicos que se concretan en modalidades distintas de interacción.

En la medida en que esos cambios psicológicos se particularizan en determinados modos de comportamiento, debemos considerar los aspectos sociales para comprender más cabalmente en qué consiste ese estar implicados. La respuesta personal no se puede comprender si sólo se aborda como algo individual y que no tiene trascendencia al exterior. Por eso el proceso que se desata interiormente lleva consigo la socialización, el entrar en contacto con personas que pasan por experiencias similares y se manifiestan de un modo parecido.

## 5.1. La escala de la implicación emocional y la idolización

Para algunos autores esa respuesta emocional es algo específico del entretenimiento y de ahí que se hayan ocupado fundamentalmente de programas centrados en ello. Pero otros indican que esa reacción sucede siempre que se entra en contacto con los medios, y que las historias que nos cuentan también nos influyen. Por esa similitud, que viene de la narratividad, no se diferencian tanto unos contenidos de otros.

El hecho es que las vidas que aparecen reflejadas en los relatos televisivos ejercen una gran influencia en la audiencia. Las diversas formas de implicación que se han ido definiendo en las investigaciones realizadas han sido categorizadas, de acuerdo con W.J. Brown (Brown 2015), según estas cuatro posibilidades: idolización, identificación, interacción parasocial y transportación. Vamos a seguir las explicaciones del citado autor, pues clarifican enormemente las ideas centrales de lo que ahora nos ocupa.

Hay que advertir, como introducción a la presentación de cada una de esas interpretaciones, que trataremos de procesos que se categorizan conceptualmente como diferentes, pero en realidad son consecuencia de los diversos modos de enfocar la misma realidad. Las diferencias entre unos y otros responden a los principios doctrinales subyacentes y el énfasis que se pone en unas manifestaciones de respuesta emocional u otras. Seguiremos un orden decreciente, de mayor implicación a menor.

Cuando se habla de idolización entendemos que se trata de una comparación con la actitud de entrega a Dios, de reconocimiento de su grandeza. En el ámbito de las ciencias sociales ese concepto se mueve en el entorno de la creación de ídolos, de personas que presentan unas cualidades y una forma de actuar que resultan no sólo atractivas, sino sublimes. La consecuencia del descubrimiento de esa superioridad es un especial reconocimiento y un deseo de emular a quien se admira intensamente.

Como tendremos ocasión de ver con más detalle en otro epígrafe, este modo de implicación es el que está en el centro del fenómeno de los fans de un cantante, de una serie televisiva o de un autor literario. Estas personas consideran que sus ídolos llenan sus aspiraciones de bondad y de belleza, de ahí que intenten manifestar cuán estrechamente vinculadas a ellos se encuentran. Sus expresiones de fanatismo quedan justificadas por lo emocionadas que se sienten.

La idolización a la que aludimos ha sido calificada como un tipo de enfermedad, por las situaciones de obsesión que suelen darse: se pierde el sentido de la realidad como consecuencia de sólo destacar aquellas facetas atrayentes que se convierten en adictivas. Esta actitud de pérdida de visión realista admite diferentes niveles que Maltby y sus colegas (Maltby 2004) han distinguido conforme a los tres grupos siguientes.

En el nivel más bajo habría que incluir a los que se fijan en las cualidades de los famosos. Esto hace que esas personas estén enteradas de sus actividades a través de los medios. Hablan con sus amigos acerca del tema y disfrutan de poder conversar con otros sobre lo que saben. Cabe calificarlos como seguidores habituales de lo que sucede a esas personas que admiran.

En el que Maltby clasifica como nivel medio, se agruparían quienes su interés les lleva a considerar a sus ídolos como alguien especialmente cercano, porque piensan que son almas gemelas, con quienes congenian de modo particular. Por eso, su comportamiento obsesivo les impele a estar a la última de lo que les sucede a esas personas admiradas, están enganchados a la información que les llega.

El nivel más alto sería el del grupo de los que sufren un interés patológico, porque ese seguimiento de la celebridad correspondiente se convierte en *leit motiv* fundamental de comportamiento. Llega a experimentarse una necesidad de agradar a una persona que casi seguro no se va a poder tratar estrechamente. La insatisfacción por no alcanzarla puede llevar a frustración y convertirse en algo traumático.

Esta forma extrema de idolización presenta unos rasgos propios del enamoramiento, es una forma de dependencia de quien es objeto de aprecio. Por eso, su manifestación más extrema puede conducir a la locura, a la enfermedad grave.

Maltby y colaboradores se atreven a afirmar que esas exageraciones no son habituales y calculan que, en el estudio que realizaron, solo afectaba al 5% de quienes eran usuarios de medios de comunicación. Por lo tanto, quienes presentan unos niveles de implicación muy altos son claramente una minoría, si bien significativa de hasta dónde pueden llevar los efectos de esas obsesiones.

Los investigadores de las audiencias televisivas han sido más partidarios de utilizar el término de identificación en vez del de idolización o adoración. Las raíces de esa noción se pueden encontrar en el psicoanálisis. En el ámbito de la comunicación Kelman (Kelman 1958) ha destacado que se trata de un proceso de influencia social, que supone la internalización de actitudes, creencias y valores de otra persona o grupo que lleva a la propia autodefinición. Como consecuencia del ejemplo que ofrece una persona hay imitación, aprendizaje y asimilación de lo ajeno, que se hace propio.

Estos procesos pueden considerarse como una experiencia vicaria que enriquece a quienes la experimentan. Las acciones que aparecen representadas en una película o una historia ficticia son útiles para enriquecer el mundo personal. Una manera de crecer interiormente es aprender de la experiencia ajena y esas imágenes pueden convertirse en un elemento de enorme utilidad. Toda persona, y más si la edad es joven, busca modelos de comportamiento y estos los halla tanto en la vida real como en la imaginada. El atractivo por el buen ejemplo al que nos referimos, se convierte en un apoyo para aspirar a más; es un incentivo para asimilar unas actitudes, unas creencias o unos valores, que en parte ya se poseen, pero en las que se profundiza más para asimilarlas plenamente, de acuerdo al modelo admirado.

## 5.2. La interacción parasocial, la identificación y la transportación

Para Cohen (Cohen 2014) la identificación supone olvidarse de uno mismo para convertirse en otro. Esto sucede mientras se ve la serie o lee el relato de que se trate, pero esa experiencia puede hacerse más duradera con el consumo y los efectos ser más profundos y mantenidos en el tiempo. El recuerdo ayuda a reproducir la situación placentera y de esa forma se puede llegar a vivir como algo personal y propio lo que le sucede a la otra persona, con lo que puede llevar a crear una vida paralela, de ensueño o de sufrimiento.

Por esto, identificarse con un personaje puede llegar a ser algo patológico, en la medida en que lo interiorizado quede convertido en una limitación para el propio desarrollo. Dificulta la maduración de una personalidad aquello que no le ayuda a tomar decisiones de entidad, cuando hay una interiorización de conductas irresponsables o infantiles de los personajes favoritos de una narración, escrita o audiovisual.

Es adecuado lo que comenta respecto a la identificación Concepción Fernández: "No se trata de un proceso motivado por la búsqueda de refuerzo, se reproduce sin refuerzos positivos, ya que con mucha frecuencia causa dolor y estados emocionales negativos. Además, no es buscado, sino encontrado, materializado en un encuentro, en una coincidencia o comunidad de intereses, problemas, deseos o representaciones. Se produce espontáneamente, aunque se pueda y se intente evitar seleccionando las emisiones y las escenas que puedan resultar perturbadoras. Se desencadena según las historias personales de los espectadores. Por ello, siempre es posible la sorpresa, la identificación con quien no se pensaba" (Fernández 2011).

Por parte de quienes elaboran el mensaje, el conocimiento de cómo es el público que va a consumir su producto permite desarrollar más las facetas que faciliten una mayor identificación, por las circunstancias o las peculiaridades del personaje. Para atraer a un público femenino, por ejemplo, lo lógico es incluir en la historia elementos que sirvan para atraer a las mujeres, que les llamen la atención y les conmuevan. La cercanía, física o psicológica, se convierte en un gancho que permite implicarlas más a ellas.

Tras la idolización y la identificación, Brown explica en qué consiste la interacción parasocial, en la que es menor la implicación que en los dos supuestos o explicaciones anteriores.

Ya en 1946 Robert Merton destacó cómo los oyentes se implicaron a través de un programa, conducido por Kate Smith, para captar a compradores de bonos mediante un maratón radiofónico de 18 horas. Pudo comprobarse que la buena respuesta se debía a que el público había reaccionado como si la petición la hubiera hecho alguien a quien conocían personalmente, aunque, evidentemente, no sabían quién era la señora Smith (Merton 1946).

Diez años después, Horton y Wohl (Horton y Whohl 1956 y 2006) pusieron en circulación el concepto de interacción parasocial. Ellos lo explicaron como "una interacción imaginaria entre el espectador de televisión y una personalidad televisiva, que con el tiempo puede convertirse en una relación unidireccional autodefinida". Es una pseudo relación que es consecuencia de un falso sentimiento de intimidad creado al consumir el producto audiovisual, ya sea de radio o de televisión, y también a través de las redes sociales.

En referencia a los cambios introducidos por las nuevas tecnologías de la información, se está comprobando cómo la descrita interacción parasocial se desborda en una actividad de socialización con otras personas, que también son espectadoras y sienten que son muchos los que disfrutan de esa especial relación con el personaje objeto de interés. Por lo tanto, la aludida intimidad no sólo se experimenta en solitario, sino que también es solidaria, facilita la conexión con otros.

Hablamos, por tanto, de amistades imaginarias, de identidades supuestas, que encajan dentro de la psicología infantil y juvenil, y por eso ha hecho que los investigadores den un toque de alarma por las posibles consecuencias negativas que pueden darse para la personalidad, aún no suficientemente formada, de niños y adolescentes.

Nos queda por último tratar del fenómeno de la transportación. Green y Brock (Green y Brock 2000) señalan que se produce cuando el espectador se involucra intensamente en el relato de un modo emocional y cognoscitivo. Esta conexión se puede producir tanto con los personajes como con la historia que se presenta. Quienes se involucran en el relato pueden llegar a sumergirse en él de tal forma que lo reviven personalmente y lo experimentan como si lo narrado les estuviera sucediendo a ellos mismos; los personajes son cercanos y llegan a convertirse en amigos, por la conexión emocional que surge.

Tan intensa relación suele ir unida al concepto de mundo paralelo, de ficción. No sólo se percibe como algo que no sólo existe circunstancialmente mientras se lee, se oye o se contempla, sino que alcanza una entidad tal que posee una naturaleza estable. Son mundos que sólo se dan en la imaginación y, sin embargo, adquieren una consistencia que supera las barreras espacio temporales. En el ejercicio de volver a esa realidad imaginada hay un disfrute para la audiencia, pues se siente transportada a una situación mejor que la soportada en la vida cotidiana, más gris y aburrida.

Esta experiencia de vivir otra vida ya se había descrito y explicado aplicándola a la literatura. En la medida en que los medios de comunicación se han convertido en nuevos vehículos para experimentar algo similar a sumergirse en un libro o perderse en la lectura, se han ido convirtiendo en objeto de mayor interés para los estudiosos. La capacidad de lo audiovisual para lograr esa transportación es superior a la lectura y además las situaciones de consumo suelen ser sociales y no solitarias, con lo que se refuerza la sensación de agrado al compartirla con otras personas cercanas.

Terminamos de esta forma el repaso que Brown hace para explicar cuatro maneras de darse la implicación de la audiencia con los productos audiovisuales, y más en concreto con las personas que aparecen en los relatos de ficción. Hemos revisado cómo son varias las explicaciones acerca de los procesos psicológicos que se desatan y cómo pueden detectarse diferentes grados de implicarse. Las reacciones distintas que se dan son consecuencia de que la recepción varía según las características emocionales del público.

Al profundizar en el conocimiento de qué tipo de reacciones provocan los contenidos audiovisuales, se pone de manifiesto que los efectos en la audiencia son muy considerables y que las consecuencias que llevan consigo pueden convertirse en peligrosas. Un más detallado análisis nos permitirá comprender cómo se desarrollan esos procesos y específicamente nos introducirá en el fenómeno de los fans, que ya ha sido aludido antes.

# 6. La respuesta emocional de la audiencia

Los fenómenos que estamos describiendo han atraído enormemente a los estudiosos que se han acercado a los relatos de ficción que aparecen en los medios. Los trabajos acerca de la recepción televisiva se han tropezado con las emociones y esto ha causado problemas por no terminar de superar la contraposición entre racionalidad y emocionalidad, y considerar esta última de forma negativa.

Haremos una breve introducción de lo que algunos autores han elaborado al respecto. Esa base servirá para presentar los resultados de las investigaciones sobre la respuesta emocional que en los pasados años hemos hecho en el Departamento de Comunicación Pública de la Universidad de Navarra.

## 6.1. La Paradoja de la Ficción

Colin Radford (Radford 1975) tuvo la fortuna de poner en circulación entre los académicos la denominada "Paradoja de la Ficción", que se inscribía dentro de una trayectoria de gran recorrido en los estudios filosóficos sobre cómo es percibida la obra de arte. Lo paradójico estriba en que las emociones suscitadas no posean una base real. De forma resumida, dice Radford que parecería que alguien solo puede conmoverse por el apuro de otro si se cree que le ha sucedido algo malo; y si se piensa que no ha pasado, no se puede sufrir o ponerse a llorar por lo irreal. Concluía que esa reacción no se explicaba con categorías racionales.

Para algunos, nuestra respuesta emocional es en realidad una apariencia de reacción, como si pretendiéramos creer que lo descrito es cierto y de ahí los efectos correspondientes (esto sería lo que propone la denominada Pretend Theory). Para otros (los que conforman la Though Theory), quien lee o ve la ficción reacciona porque hace una representación mental de lo que se le propone, aunque no sea verdadera la realidad que provoca esa representación. Y, por último, la Illusion Theory explicaría que en la práctica quien se enfrenta a la obra de ficción activa un mecanismo mental que le permite desentenderse de la realidad y moverse en un mundo ideal que le atrae y con el que interactúa, por lo que viene a enajenarse de su existencia actual para vivir en otra dimensión (Schneider 2025).

No es fácil determinar la naturaleza de esos sentimientos y qué papel desempeña la razón en el proceso de reacción, y no es ahora el momento de profundizar en esta línea. Interesaba aportar un marco general que ayude a conectar los estudios de audiencias con un área temática que enriquezca nuestra capacidad de explicarnos los procesos de recepción audiovisual.

Está claro, para los que se han aproximado a estas cuestiones, que hay una tensión por hacer compatible el carácter racional de quien consume la ficción audiovisual con la respuesta basada en las emociones y que presenta la apariencia de ir en contra de la pretendida preeminencia de la racionalidad en todo lo que sea humano. En efecto, en los estudios que se han llevado a cabo, se detecta que los aficionados se ven en la necesidad de defender su postura, de afirmar que su modo de comportarse (incluso poniéndose un disfraz para acudir a la proyección) ha de entenderse como una manifestación de aprecio e interés por una determinada realidad, que se reconoce como ficticia.

## 6.2. El proyecto de El Regreso del Rey

Hace unos años en el Departamento de Comunicación Pública de esta la Universidad de Navarra empezamos a adentrarnos en estos terrenos de los estudios de recepción y en esta problemática de la que venimos tratando.

El anunciado lanzamiento mundial de un *blockbuster* fue la ocasión para llevar a cabo una investigación única hasta ese momento. El éxito de taquilla de las dos primeras entregas de la trilogía de "El Señor de los Anillos" era interesante para estudiar el fenómeno, y en el proyecto que se fue fraguando surgió una oportunidad única hasta ahora en el ámbito de los estudios de este tipo.

El auténtico fenómeno cinematográfico que produjo la película captó la atención del mundo académico. Así, se fue despertando un interés por analizar cómo se había llevado a cabo el lanzamiento y cuáles eran las peculiaridades de la audiencia que había conectado con la obra fílmica. De ese modo surgió un proyecto mundial para estudiar el impacto en el público general de la tercera entrega de la saga de Peter Jackson.

Se puso en marcha, a lo largo de la segunda mitad del año 2003, un proyecto internacional en el que participaron equipos de 20 países de todo el mundo y que llevaba por título: "The launch and reception of the The Lord of the Rings III: the role of film fantasy" (El lanzamiento y recepción de El Señor de los Anillos III: el papel del cine de fantasía). El principal objetivo era estudiar las expectativas de la audiencia mundial ante el estreno de "El Retorno del Rey" y averiguar cómo era recibida e interpretada en los diferentes contextos nacionales. La Universidad de Gales coordinó esta investigación y el Departamento de Comunicación Pública de la Universidad de Navarra se encargó de estudiar el caso español. Las aspiraciones del equipo investigador eran ambiciosas y fueron distintos aspectos los que se abarcaban. En primer lugar, para valorar las expectativas creadas en los espectadores, se recogió material publicado y emitido en el país respectivo (España en el nuestro) sobre la película durante el mes previo al estreno de "El Retorno del Rey". El análisis de este material ayudaría a determinar qué temas se trataban en los medios de comunicación y cómo éstos podían influir en la recepción posterior del largometraje.

En segundo lugar, entre las 20 universidades se confeccionó un cuestionario común a todos los países con el fin de conocer la actitud y motivaciones de la audiencia internacional ante el estreno de la tercera parte de la trilogía. La encuesta estuvo disponible en internet desde diciembre de 2003 a junio de 2004 en varios idiomas, entre ellos el castellano, lo que facilitó que la mayoría de los que vieron la película pudiera emplear su lengua materna. Se pudo acceder al cuestionario a través de una página web de la Universidad de Gales, quien se encargó de procesar todos los cuestionarios, que llegaron a una cifra final total de 24.739. Posteriormente, cada equipo se encargó de trabajar con los resultados correspondientes a su país. Un total de 1564 personas intervinieron en la encuesta en castellano. El único requisito que se pedía para contestar la encuesta era haber acudido a la proyección de la película, aunque no se hubieran visto las dos películas anteriores o se desconociese la obra de Tolkien.

Principalmente, el cuestionario se componía de preguntas cerradas, aunque también se formularon algunas abiertas para que los interesados pudieran expresarse con mayor precisión. En un primer bloque de preguntas, se centraba el interés en saber si habían disfrutado de la película, cuáles eran las principales razones por las que habían ido a ver el largometraje o la fuente de información que creían había influido más en la creación de sus propias expectativas. La prioridad era profundizar en la interpretación que hacían los espectadores del filme. Para ello, se preguntaba por la expresión que mejor captaba la esencia de la historia del "El Señor de los Anillos", cuál era su personaje favorito o dónde y cuándo situaban la Tierra Media, entre otros asuntos. También se incluyó una serie de preguntas sociodemográficas para poder descubrir si aparecían diferencias en las respuestas por razón de la edad, sexo o posición socio-económica. Interesa subrayar ahora tres aspectos del material que se obtuvo a partir de este cuestionario *on line*.

Lo primero que debe señalarse guarda relación con la representatividad de los que contestaron. En realidad, quienes expusieron sus opiniones, sentimientos, gustos, aficiones, etc., eran una parte de la audiencia. Sólo aquellos que tuvieron noticia de que se había lanzado el proyecto pudieron acceder a la página web y rellenar la encuesta. El instrumento que sirvió de canal principal, casi exclusivo, para dar a conocer la investigación fue una página española especializada en las películas. Esto suponía un filtro muy neto, respecto al total de las personas que vieron la película.

Los datos obtenidos correspondían a personas que son aficionadas al mundo de Tolkien y, más específicamente, a la adaptación cinematográfica de Jackson. No debe extrañar, por eso, que se desprenda, como conclusión de la cuestión correspondiente, que el grado de satisfacción fuera muy alto o que el interés por los más pequeños detalles resulte un tanto exagerado (esto se aprecia, entre otras, en las respuestas acerca de qué es lo que menos les había gustado). La información que está en la base del estudio era la correspondiente a un público concreto, de personas que cabía calificarse como fans.

Encontramos una convergencia de varios colectivos, no coincidentes del todo. Los dos más claros eran, en primer lugar, los seguidores de la obra tolkiniana, ya con una relativamente larga trayectoria; además estaban los suscitados a raíz del estreno de la versión cinematográfica. Tanto a unos como a otros se los puede descubrir tras las contestaciones obtenidas. Una segunda advertencia guarda relación con la riqueza de conocimiento que aporta la encuesta. Por la magnitud del proyecto internacional y la amplitud de los temas abordados en el estudio, se puede afirmar que no había hasta ese momento otro caso similar en todo el mundo. Ante tal volumen de datos sólo cabe que surja la admiración.

Puede afirmarse que hay otros grupos de fans más motivados, y puede ser buen ejemplo todo el amplio espectro que cubre la saga de "Star Trek" y de "La Guerra de las Galaxias". Cabe tener en presente que se han hecho más investigaciones sobre las películas de James Bond. Con todo, la audiencia de El Señor de los Anillos es la mejor conocida gracias a la encuesta mencionada, que ha servido para publicar varios libros y estudios, de Barker y Mathijs como editores (Mathijs 2006, Barker 2008).

De alguna forma, la falta de representatividad a la que aludíamos antes queda paliada por esta gran aportación, que conviene valorarla en su justo término. Aquellos que quieran comprender cómo ha sido la recepción de las películas de Peter Jackson pueden encontrar en la base de datos confeccionada una valiosa información que cubre muchas vertientes. Si bien algunos de los temas sobre los que se preguntaba están directamente relacionados con la última de las películas, la de "El Retorno del Rey", casi todas se refieren en general a la saga y de ahí que, por ejemplo, la pregunta sobre cuál es el personaje favorito sirva para el conjunto de la trilogía.

Por todo esto, se puede concluir que los datos que se lograron resultan de un enorme valor y no quedan más que ligeramente matizados por el hecho de que no representen fidedignamente al conjunto de todas las personas que vieron la trilogía. El cuestionario, como ya se ha indicado, estaba confeccionado tanto con preguntas cerradas como algunas abiertas. Las primeras poseen la ventaja de facilitar el tratamiento estadístico, de hacer las comparaciones, de establecer relaciones que pasan inadvertidas a simple vista. Por todas estas razones, poseen una alta productividad, es decir ofrecen unos resultados de los que pueden sacarse múltiples conclusiones. En el fondo, todas estas ventajas vienen dadas por el carácter numérico que poseen: con los números se pueden realizar operaciones relativamente sencillas y útiles. Las respuestas abiertas no admiten un tratamiento similar, a no ser que se reagrupen y se reelaboren, de tal manera que vengan a convertirse en numéricas. Por ejemplo, tenía carácter abierto la pregunta de cuál es el personaje favorito.

Anteriormente ha aparecido la referencia a que quienes contestaron a la encuesta debían de ser considerados fans de la trilogía. No se trata, propiamente, de un apriorismo de la encuesta –pues no era el fin de la investigación estudiar a ese grupo específico–, sino que esas personas aficionadas fueron afluyendo sin que hubiera habido una convocatoria especialmente dirigida a ellas: no debían cumplir con ese requisito previo quienes accedieron a la página web. Visto desde el punto de llegada, es lógico que se produjera esta autoselección, aunque fuera sólo por el hecho de que siempre resulta un cierto engorro contestar a una batería de preguntas, sin que mediara una recompensa, de algún tipo. Rellenar la encuesta se convirtió, para la gran mayoría, en una oportunidad de dar a conocer cuánto les había gustado ver "El Retorno del Rey".


## 6.3. El proyecto de La Guerra de las Galaxias

Con la experiencia adquirida, se planteó una nueva investigación con el fin de estudiar a otro grupo de fans muy característico: los seguidores de la saga de "Star Wars". La oportunidad se presentó con ocasión del estreno de la sexta película, "La Venganza de los Sith", que cerraba el círculo que George Lucas había abierto casi 30 años antes. En esta ocasión, y vistos los buenos resultados del estudio sobre "El Retorno del Rey", sólo se involucraron en el proyecto profesores del Departamento de Comunicación Pública de la Universidad de Navarra, aunque la audiencia analizada no iba a ser únicamente la española. Por razones de eficacia, se decidió elaborar un cuestionario más extenso que el anterior, con menos preguntas abiertas para facilitar el uso de los datos y se tradujo al inglés con el fin de llegar a los públicos (sobre todo estadounidense y también británico) que parecían más interesantes. El cuestionario *on line* se dio a conocer a través de sitios web de fans y se puso a disposición de los usuarios en la página web del Departamento entre el estreno de la película en mayo de 2005 y la fecha final de octubre de ese año, cuando apenas se recibían respuestas. Finalmente, se alcanzó la cifra de 1959 encuestados que se incorporaron al estudio.

El uso de internet facilita el acceso a un número muy amplio de personas y sirve, a su vez, para ir agrupando sus intereses de un modo temático. En el caso de los estudios de recepción se puede descubrir en ese proceso ventajas para el investigador. El sistema que suele emplearse de encuestas a la salida de los cines presenta, comparativamente hablando, claras desventajas, empezando por la dificultad para aplicarlo, pues los que responden no se encuentran en una situación cómoda y suele darse una limitación de tiempo determinante. La administración del cuestionario *on line* facilita el proceso y permite plantear preguntas que exigen calma y reflexión.

Con todo lo anterior, conviene no perder de vista la peculiaridad de que sólo un tipo de personas son las que, en principio, acceden a contestar a las preguntas. En el caso que comentamos, la publicidad que se dio a la encuesta a través de varias páginas ("501 Spanish Garrison" y "Señores del Sith"; en otras lenguas también dieron noticia del estudio: "Galactic Hunter.com", "Sith Net", "Beekoy-421" y "Starwars-rpg.net") en las que se había comprobado anteriormente que había actividad, permitió obtener respuestas procedentes de Argentina, Bélgica, Colombia, Chile, España, Gran Bretaña, Méjico, Perú y Estados Unidos. Es decir, se pudo contar con personas de variadas procedencias geográficas. Quienes contestaron cabe calificarlos como fans, tanto por las características definitorias de los sitios de la red a través de los cuales accedieron, como por las contestaciones que dieron a las preguntas, en las que mostraban la respuesta emocional típica de esa clase de audiencia. Cabe suponer que no todos los que vieron la película pudieron acceder a internet y que no todos son aficionados a la saga de Lucas. Sin más, quien utilice esos datos obtenidos por tal procedimiento ha de ser consciente de las limitaciones que presenta la muestra.

## 6.4. El proyecto El Hobbit

Por terminar con el repaso de los estudios centrados en la recepción fílmica, conviene hacer una breve referencia al "Proyecto El Hobbit". La nueva saga cinematográfica dirigida por Peter Jackson centrada en el cuento "El Hobbit" de Tolkien ha sido una ocasión que no podía desperdiciar el equipo que ya se había ocupado de las anteriores películas de "El Señor de los Anillos". Se repitió el procedimiento seguido anteriormente, para poner en marcha un cuestionario *on line* y en esta ocasión se ha roto el techo anterior, ya que se han alcanzado unas cifras impresionantes. En total se consiguieron 35.787 cuestionarios completados, correspondientes a 35 lenguas distintas. Los resultados se recogieron en un número especial de la revista académica *Participations* (*Participations* 2016).

Conviene abordar ahora el caso de los estudios sobre productos televisivos, que presentan, en parte, otras peculiaridades. Fundamentalmente son tres estudios de los que se va a tratar. En dos casos fueron investigaciones de la profesora María del Mar Grandío, que en ese momento formaba parte de un equipo del Departamento de Comunicación Pública cuando las llevó a cabo. El primero se centraba en una de las *sit-coms* más famosas de la historia reciente de la televisión: "Friends", y fue la audiencia española la analizada. El segundo se interesaba por dos series de las denominadas familiares en España: "Los Serrano" y "Cuéntame cómo pasó". En ambos casos se aplicaron cuestionarios *on line*, pero en el primero los datos obtenidos fueron complementados por dos sesiones de grupos de discusión y diez entrevistas en profundidad. Una tercera investigación, en este caso de la serie "Dos hombres y medio", empleó los grupos de discusión para descubrir cómo afectaron al público los planteamientos defendidos por este programa.

Por lo que se refiere a la investigación sobre "Friends" sólo destacamos algunos aspectos, pues Grandío los ha explicado con más detalle en otro lugar (Grandío 2009). Como señala la autora, se planteó la encuesta como un instrumento que pudiera ir definiendo algunas características generales de quienes eran seguidores de la serie, describir en líneas generales cómo era la audiencia de esta serie e intentar explicar ciertas actitudes de los espectadores. El cuestionario se incluyó en una página web del Departamento de Comunicación Pública de la Universidad de Navarra, en un apartado dedicado a estudios de las audiencias. A través de este instrumento, por un lado, se pudo acceder directamente a los seguidores de la serie, que de otra manera hubiera sido casi imposible identificarlos; y, por otro lado, se reunió una masa de información impresionante, ya que se logró motivar a suficiente número de personas como para contar con miles de respuestas. En concreto, el cuestionario estuvo disponible desde febrero de 2005 hasta abril de ese mismo año, y se recogieron 2.494 encuestas. Para el éxito de respuesta fue clave dar con sitios en la red que congregaban a muchos fans. Se trataba de páginas webs no oficiales, localizadas a través de un buscador que indicaba los sitios más visitados. Se informó directamente al *webmaster* de cada una de las páginas de que estaba disponible el cuestionario, con el fin de que diera difusión al anuncio.

Al final el 10 de abril se cerró la muestra de análisis con las mencionadas 2494 encuestas. La obtención de tan elevado número de cuestionarios ayudó a comprobar la importancia de internet para este tipo de estudios sobre las audiencias. Las encuestas *on line* resaltaron la trascendencia del entretenimiento y del humor para entender la recepción de esta comedia de situación en España, pero no se consiguió agotar propiamente el tema de investigación. La parquedad e imprecisión de las respuestas dejaban constancia de la ligereza de este producto. Por ello, parecía conveniente desarrollar esos hallazgos con los resultados obtenidos a partir de dos grupos de discusión y de diez entrevistas en profundidad. Lo que más interesaba era indagar acerca de las motivaciones, los valores y las experiencias personales. Una vez que se llevaron a cabo todas estas actividades, se pudo tener una visión más cabal de cómo había sido la recepción de esta serie en España.

En línea con lo anterior, se trasladó la experiencia adquirida a otra investigación, esta centrada en la audiencia de series españolas, más en concreto las de "Los Serrano" y "Cuéntame lo que pasó". Por diseño de investigación, el estudio se limitó a elaborar los resultados de los 454 cuestionarios recibidos, entre junio y diciembre de 2005. No se pudo complementar los hallazgos con otras técnicas cualitativas y sí que se sacó mucho partido al análisis de tipo cualitativo, centrado en las preguntas abiertas que se incluían en el conjunto de cuestiones planteadas. Todos estos aspectos fueron abordados por María del Mar Grandío en su contribución al libro coordinado por Mercedes Medina (Medina 2008).

Para terminar este repaso de estudios, conviene mencionar la participación en el Proyecto Juego de Tronos. Con un equipo de investigadores que en parte los mismos de los proyectos de recepción fílmica. En este caso, fueron 1581 las respuestas en castellano obtenidas y ese material sirvió para publicar al menos dos libros (Finn 2017 y Atwood 2021).

Cabe citar, por último, que han sido varias las tesis doctorales, además de la mencionada sobre Friends. En la de Pablo Zubieta (2014) se pudo comprobar cómo la audiencia de "Dos hombres y medio" asimilaba el planteamiento de unir triunfo en la vida con no contraer matrimonio. A través de grupos de discusión organizados en la ciudad mejicana de Monterrey, los aficionados a ese programa mostraban su sintonía con lo que proponen los productores y guionistas. La conexión emocional, tan palpable, afectaba a cómo se entendía la vida de un soltero libertino que protagonizaba esa serie. Por último, se puede mencionar la tesis doctoral de María Fernanda Novoa, en que analizó la audiencia de la serie "The Newsroom" (2020) y aplicó tanto una encuesta como dos grupos de discusión.

# 7. Estudios sobre los fans

La Real Academia Española (RAE) ha incorporado el término "fan" a su diccionario, reconociéndolo como un anglicismo que denota a un individuo admirador o seguidor de una persona. Sin embargo, el concepto de "fan" trasciende esta definición, abarcando a aquellos individuos que establecen una conexión apasionada con contenidos de la cultura popular, apropiándose de ellos y buscando experiencias sociales compartidas con otros afines.

Inicialmente, los estudios sobre fans los caracterizaban como individuos con desequilibrios emocionales. El estudio de la "beatlemanía", por ejemplo, la describió como una euforia obsesiva (Millard 2012). No obstante, esta perspectiva negativa fue gradualmente reemplazada por investigaciones que analizaban el fenómeno desde una óptica de normalización (Taylor 2017).

Históricamente, la cultura fan emergió con los seguidores de la ciencia ficción a principios del siglo XX. Posteriormente, en los años sesenta, los seguidores de "Star Trek" (los "Trekkies") establecieron la primera comunidad fan televisiva, creando una cultura distintiva que aún persiste. En paralelo, la serie "Doctor Who" desde 1963 creó la comunidad de los "Whovians". Posteriormente, los seguidores de sagas cinematográficas como "La Guerra de las Galaxias" y las adaptaciones de Tolkien consolidaron esta cultura.

El Centro de Estudios Culturales Contemporáneos, conocido como la Escuela de Birmingham, fue pionero en la investigación académica de este fenómeno. Académicos como Stuart Hall y Raymond Williams aplicaron la semiótica y el marxismo para explicar estas nuevas formas culturales, considerando factores más allá de lo individual y psicológico (Hall 2013; Williams 1961).

Los estudios culturales ampliaron su enfoque, incorporando el análisis de la música, el deporte y los videojuegos desde la perspectiva de los fans. Esto normalizó estas manifestaciones culturales, alejándolas de la marginalidad y la anormalidad.

En los años ochenta, una nueva generación de investigadores, que se identificaban como fans y académicos, contribuyó significativamente a este campo. Henry Jenkins destacó cinco dimensiones de la subcultura fan: recepción particular, rol en la promoción de visiones alternativas, interpretación y apropiación, producción textual y creación de comunidades sociales.

La irrupción de las nuevas tecnologías ha provocado cambios significativos en la actividad de los aficionados. Las mejoras técnicas han facilitado el acceso a un volumen ingente de información, la conectividad continua, la inmediatez en la transmisión de datos, la superación de barreras geográficas y la creación de comunidades virtuales (Pearson, 2010; Jenkins, 2006).

Siete aspectos clave definen la condición actual de los aficionados:

1. Aumento del consumo: la disponibilidad de contenido en línea ha incrementado el consumo de información relevante para los fans.
2. Potenciación de conexiones: la tecnología facilita la formación de comunidades y la interacción, aunque también puede generar divisiones y disensiones.
3. Consumo emocional: la inmediatez y la desinhibición en línea intensifican la respuesta emocional de los fans.
4. Ampliación del panorama: la globalización de la afición crea una sensación de cercanía con personas distantes.
5. Normalización de la actividad: la cultura fan se ha integrado en la corriente principal, perdiendo su carácter marginal.
6. Creación de contenido: los fans tienen mayores posibilidades de contribuir con contenido a sus comunidades.
7. Consolidación de la identidad: la identidad fan se ha fortalecido, pero también se han intensificado las disputas internas.

Este análisis subraya la complejidad de la cultura fan en la era digital, donde la tecnología y la identidad se entrelazan para influir en la participación y la pertenencia a comunidades de aficionados (Hills 2017). En definitiva, los nuevos medios están siendo acaparados por los fans. Ellos son los que dominan la situación, porque saben aprovechar mejor que otros usuarios las posibilidades que ofrecen y el crecimiento de este fenómeno está llevando a una generalización de sus propias actitudes. Es difícil no verse arrastrado por ese ejemplo que resulta tan emocionante, tan cargado de sentimientos que parecen agradables e inofensivos.

# 8. La necesidad de educación en el uso de los medios de comunicación

La alfabetización mediática es la capacidad de acceder, analizar, evaluar, crear y participar activamente en diversas formas de comunicación. Esta competencia amplía la alfabetización tradicional, permitiendo a las personas comprender mejor los medios de comunicación, detectar la desinformación y participar de manera informada en la sociedad digital (Buckingham 2007; Hobbs, 2021).

En la era de la información, donde el consumo de noticias y contenido digital es constante, la alfabetización mediática se ha convertido en una herramienta esencial para el pensamiento crítico. Investigaciones recientes destacan su papel en la lucha contra la desinformación y el desarrollo de habilidades cívicas en estudiantes y ciudadanos (Livingstone & Helsper, 2022).

## 8.1. El poder intimidador de los medios

Estudios recientes señalan que, a pesar de la creciente disponibilidad de información en línea, muchas personas carecen de las habilidades necesarias para evaluar la credibilidad de las fuentes y discernir entre contenido veraz y engañoso. La UNESCO (UNESCO 2023) ha insistido en la necesidad de incluir la alfabetización mediática en los programas educativos a nivel global, promoviendo marcos de enseñanza que fortalezcan la resiliencia digital de los ciudadanos.

En Estados Unidos, iniciativas como el programa Checkology, desarrollado por el News Literacy Project, han demostrado mejoras en la capacidad de los estudiantes para identificar noticias falsas y manipulación mediática (Wineburg et al., 2021). Métodos como SIFT (Stop, Investigate, Find, Trace) también se han incorporado en la educación para fomentar el análisis crítico de la información (Caulfield, 2022).

A nivel europeo, la Comisión Europea ha lanzado campañas de alfabetización mediática en colaboración con plataformas digitales como Google y Meta, con el objetivo de contrarrestar la desinformación electoral y el discurso de odio en redes sociales (European Commission, 2023).

La preocupación por los efectos negativos derivados del mal uso de los medios de comunicación se intensificó con el auge de los medios audiovisuales y digitales, cuyo alcance superaba con creces el de la prensa escrita, tradicionalmente más localista. Este debate cobró especial relevancia a raíz de programas radiofónicos que evidenciaron el poder de la radio para influir en la audiencia.

Uno de los casos más emblemáticos fue la célebre emisión de La Guerra de los Mundos, dirigida por Orson Welles para el teatro Mercury de la CBS el 30 de octubre de 1938 Cantril 1940; Schwartz 2025). Sin embargo, más de una década antes, el 16 de enero de 1926, el sacerdote católico Ronald Knox ya había protagonizado la primera gran "inocentada" radiofónica (*hoax*). Su programa dominical en la BBC, anunciado en la revista *Radio Times* bajo el título *Broadcasting the Barricades*, comenzó con la advertencia de que se trataba de una dramatización ficticia. Sin embargo, la estructura narrativa—interrumpida por falsos boletines de noticias sobre una revuelta obrera en Londres, supuestos linchamientos de políticos y ataques al Parlamento y a los estudios de la BBC—generó pánico en parte de la audiencia. Como recoge Waugh en su biografía sobre Knox, las reacciones más alarmadas se dieron fuera de Londres, donde los oyentes no podían comprobar visualmente que los hechos eran falsos (Waugh, 1959).

## 8.2. Preocupación por los efectos negativos de la comunicación

Estos episodios hicieron evidente el poder de los medios audiovisuales para manipular las emociones del público. En respuesta, tanto las autoridades como la sociedad en general comenzaron a exigir regulaciones que protegieran a la audiencia de posibles abusos informativos. Durante décadas, los gobiernos asumieron el papel de guardianes del interés público, imponiendo restricciones que contaban con un amplio respaldo social.

Sin embargo, este enfoque paternalista comenzó a ser cuestionado en la década de 1960 con el auge de los movimientos contestatarios. Los críticos sostenían que la regulación de los medios servía más para proteger los intereses de las grandes corporaciones periodísticas y radiofónicas que para salvaguardar a la audiencia. En este contexto, surgieron iniciativas alternativas como la prensa underground en Estados Unidos, que abogaban por un periodismo libre de influencias capitalistas y comprometido con posturas más revolucionarias (Fernández 2015).

Este cambio cultural también tuvo un impacto en la educación mediática. Desde los años treinta, especialmente en el ámbito anglosajón, existía la preocupación de integrar en los planes de estudio asignaturas que enseñaran a los estudiantes a analizar los contenidos de los medios. Con la llegada del cine, la radio, la televisión y, posteriormente, las nuevas tecnologías, estas iniciativas evolucionaron. A partir de los años setenta, la enseñanza sobre los medios pasó a centrarse en el análisis del consumo de imágenes y representaciones, con un enfoque crítico y anticapitalista.

Frente al modelo anterior, basado en la idea de proteger a la audiencia de la influencia de los medios, emergió una nueva visión que subrayaba la cultura participativa. En lugar de asumir que el público era pasivo y vulnerable, se promovió la idea de que las personas tienen el poder de influir en los medios y utilizarlos en su beneficio.

## 8.3. La Teoría del Efecto Tercera Persona

La reacción psicológica descrita en este contexto se basa en un mecanismo previamente identificado en situaciones de riesgo, conocido como ilusión de invulnerabilidad personal. Este fenómeno se manifiesta cuando una persona reconoce un peligro, pero asume que sus efectos solo afectarán a otros, no a sí misma. Se trata, en esencia, de una estrategia psicológica para reducir la ansiedad y mantener la percepción de seguridad.

En el ámbito de la comunicación, este mecanismo se relaciona estrechamente con el Efecto de Tercera Persona, que describe la tendencia de los individuos a creer que los mensajes de los medios influyen más en los demás que en ellos mismos. Esta percepción se sustenta, en muchos casos, en una supuesta superioridad intelectual que lleva a la autoafirmación frente a contenidos considerados de menor nivel. Por ejemplo, al enfrentarse a un anuncio publicitario, las personas suelen rechazar la idea de que sus argumentos de venta puedan persuadirlas, aunque sí aceptan que podrían influir en otros. Este sesgo se hace evidente especialmente en estrategias de persuasión dirigidas a audiencias masivas, donde los individuos tienden a situarse por encima del "nivel común".

Cuando se les pregunta si los mensajes de los medios los afectan, la respuesta espontánea suele ser negativa. Sin embargo, cuando se plantea si dichos mensajes pueden influir en otras personas, la respuesta es afirmativa: se considera que los demás son más susceptibles a la persuasión. De forma implícita, esto conlleva una evaluación en la que los otros son percibidos como intelectualmente menos críticos. Un caso paradigmático de este fenómeno fue el estudio de Davison, en el que los oficiales asumían que los soldados negros eran más influenciables que sus compañeros blancos.

La Teoría del Efecto de Tercera Persona ha sido ampliamente estudiada en el ámbito de la comunicación (Davison 1983). Bryant y Miron (Bryant 2004) calcularon que, en ese año, era la quinta teoría más analizada por los académicos en comunicación. Su influencia se ha detectado en diversos contextos, incluyendo la publicidad, la cobertura informativa, el comportamiento de jóvenes y adultos, así como en distintos medios como la televisión e internet. En política y entretenimiento, este efecto también juega un papel clave, ya que las personas suelen subestimar la influencia de los medios en su propia percepción y comportamiento.

Cuando el público se enfrenta a contenidos que no son explícitamente persuasivos, la manifestación del efecto de tercera persona tiende a ser menos consistente. Esto ocurre, por ejemplo, con los programas de entretenimiento, donde la intención de influir no es tan evidente. Sin embargo, la investigación ha demostrado que este efecto sigue presente en estos casos. Un estudio realizado por María del Mar Grandío (Grandío 2009) sobre la serie *Friends* reveló que, cuando se preguntó a los espectadores si la serie había influido en su vida—teniendo en cuenta que presentaba un estilo de vida y valores específicos—la mayoría respondió que no, pero que probablemente sí había influido en otros.

En definitiva, el Efecto de Tercera Persona pone de manifiesto la necesidad de una formación en alfabetización mediática que permita a las personas ser más conscientes de la influencia de los medios, tanto en sí mismas como en los demás. Solo a través de una educación crítica y reflexiva se podrá fomentar una sociedad más informada y menos vulnerable a la manipulación mediática.


## 8.4. Alfabetización mediática y educomunicación

En un contexto en el que los medios de comunicación tienen un impacto significativo en la sociedad, resulta fundamental que los ciudadanos desarrollen la capacidad de utilizarlos de manera crítica y consciente (Gutiérrez 2013; Margo 2014). Con la proliferación de las nuevas tecnologías y el creciente protagonismo de las emociones en la comunicación digital, se vuelve imprescindible dotarse de herramientas para analizar, evaluar y comprender los mensajes mediáticos.

Este desafío ha dado lugar a diversas iniciativas enmarcadas en el concepto de Media Literacy, que podemos traducir como alfabetización mediática o educación en medios. En España, esta disciplina ha sido impulsada bajo el término de educación mediática, destacando la importancia de enseñar a la población a interpretar, cuestionar y crear contenido en un entorno mediático cada vez más complejo (Gozálvez, 2004).

Tradicionalmente, el concepto de alfabetización (*literacy*) se refería a la capacidad de leer y escribir. Aplicado a los medios, significaba dotar a los jóvenes de habilidades para comprender y utilizar tanto los medios impresos como los audiovisuales. Sin embargo, la evolución tecnológica y una comprensión más profunda del fenómeno comunicativo han llevado a redefinir este concepto.

Según la Association for Media Literacy, la educación mediática se define como *el conocimiento y las competencias necesarias para comprender y usar de manera apropiada, efectiva y ética los códigos y convenciones de una amplia variedad de formas y géneros de los medios de comunicación.*

Esta misma asociación identifica ocho conceptos clave en la alfabetización mediática:

1. Los discursos mediáticos construyen la realidad.
2. Existen múltiples versiones de la realidad en los medios.
3. Las audiencias negocian el significado de los contenidos mediáticos.
4. Los mensajes de los medios tienen implicaciones económicas.
5. Los discursos mediáticos reflejan determinados valores.
6. Los medios responden a visiones políticas y sociales específicas.
7. La forma y el contenido de los medios están estrechamente relacionados.
8. Cada medio posee una estética propia (The Association, 2015).

Independientemente de la valoración que pueda hacerse de estos principios, su formulación refleja el cambio en la manera de entender la educación mediática.

El auge de los medios digitales ha traído consigo nuevos desafíos que refuerzan la necesidad de formación en alfabetización mediática. La cultura participativa en internet permite que cualquier persona sea creadora de contenido sin necesidad de una formación especializada. A diferencia de los medios tradicionales—donde el acceso a la redacción de un periódico, una emisora de radio o una cadena de televisión requería una preparación previa—en el ecosistema digital no existen filtros ni barreras de entrada (Gutiérrez 2013).

Por ello, se plantea la necesidad de incluir la alfabetización mediática en el currículo escolar, no solo para enseñar a los jóvenes a consumir medios de manera crítica, sino también para capacitarlos como creadores responsables de contenido. En un mundo interconectado donde la información circula con rapidez y sin regulación, educar a las nuevas generaciones en el uso ético y eficaz de los medios es clave para garantizar una sociedad más informada y participativa (Korona 2013).

Aludíamos antes a que en los países anglosajones el interés por la educación en medios ha estado presente desde hace décadas en los planes formativos de la enseñanza media (Bukingham 2007). Se han incorporado a los planes de estudio las destrezas y habilidades centradas en proporcionar una mejor integración en el nuevo panorama de la Comunicación. En el caso de nuestro país aún falta mucho camino por recorrer para ponernos, siquiera al menos, a un nivel similar al que se da en los otros países de la Unión Europea. Y esto a pesar de que, por contraste, en el nivel universitario de la formación en Comunicación la situación española está claramente por delante del resto.

Para establecer las bases de una mejora palpable en este ámbito, se puso en marcha una investigación que pretendía medir cuál era el grado de competencia mediática de los españoles y fuera capaz de ofrecer soluciones para capacitar mejor a los escolares. En este proyecto, financiado por el Ministerio de Educación español, participaron equipos de investigadores de 17 comunidades autónomas, de más de 16 departamentos universitarios (entre los que estaba el de Comunicación Pública de la Universidad de Navarra) y que elaboraron una encuesta para medir la capacitación de los 6626 encuestados, los participantes en 28 grupos de discusión y los 31 entrevistados. La población estudiada estaba constituida por personas mayores de 16 años.

La explicación de la investigación y los resultados obtenidos pueden consultarse en el libro publicado con el título *Competencia Mediática. Investigación sobre el grado de competencia de la ciudadanía en España* (Ferrés 2000). A la vista de las conclusiones que en él se recogen, queda clara la necesidad de mejorar la formación de los españoles.

Son muchas las posibilidades que se presentan y las posibles acciones que deberían llevarse a cabo. El ámbito obvio y que parece mejor perfilado es el académico, en todos los niveles educativos, pero hay otros también determinantes. En cualquier caso, no se puede olvidar que es en la familia en donde se aprenden las cuestiones fundamentales que guardan relación con los fenómenos comunicativos y por eso deben ser los padres los primeros interesados en enseñar a sus hijos cómo deben actuar en esta especial cultura participativa de la que todos formamos parte. El futuro de la sociedad se está forjando cuando en el entorno familiar se forma a las nuevas generaciones en cómo utilizar los medios de comunicación para crear un mundo mejor.

La alfabetización mediática es una competencia fundamental para la participación ciudadana en la era digital (Bulgar 2018). Su integración en la educación y su promoción a nivel social son clave para fortalecer la democracia y combatir la manipulación informativa. Los esfuerzos recientes en políticas educativas y tecnológicas reflejan un creciente reconocimiento de su importancia, pero aún queda mucho por hacer para garantizar que todas las personas desarrollen las habilidades necesarias para navegar con éxito en el complejo ecosistema mediático actual.

# REFERENCIAS

Albert, P. (1992). *Historia de la prensa.* Rialp.

Álvarez, J. T. (2012). *Historia y modelos de la comunicación en el siglo XX.* Editorial Universitas.

Atwood, F. & Smith, C. eds (2021). *Watching Game of Thrones: How audiences engage with dark television* . Manchester University Press.

Barker, M., & Mathijs, E. (Eds.). (2008). *Watching the Lord of the Rings: Tolkien's world audiences.* Peter Lang.

Bryant, J., & Miron, D. (2004). Theory and research in mass communication. *Journal of Communication, 54*(4), 662-704.

Boynton, R.S. (2005). *The New Journalism.* Vintage Books.

Brown, W. J. (2015). Examining four processes of audience involvement with media personae. *Communication Theory, 25* (1), 1-25.

Buckingham, D. (2007). *Media education: Literacy, learning, and contemporary culture.* Polity Press.

Bulger, M., & Davison, P. (2018). The Promises, Challenges, and Futures of Media Literacy. *Journal of Media Literacy Education, 10* (1), 1-21.

Cantril, H. (1940). *The Invasion from Mars. A Study in the Psychology of Panic.* Princeton University Press.

CASADO, M. (1998): "Valores, lengua y literatura" en CASADO, M. (ed.) *Lengua, literatura y valores.* Newbook.

Cohen, J. (2014). Mediated relationships and social life: Current research in fandom, parasocial relationships, and identification. En M. B. Oliver & A. A. Raney (Eds.), *Media and social life* (pp. 142-155). Routledge.

Caulfield, M. (2022). *Web Literacy for Student Fact-Checkers.* Pressbooks.

Comisión Europea. (2023). *Informe sobre la aplicación de la estrategia de alfabetización mediática en la Unión Europea.* Comisión Europea.

Cuartero, A. (2017). "El concepto de Nuevo Periodismo y su encaje en las prácticas periodísticas narrativas en España", *Doxa* 25 (julio-diciembre), pág. 43-62.

D'Angelo, P., & Kuypers, J. A. (2010). *Doing news framing analysis*. Routledge.

Dahlgren, P. & Hill, A. (2023). Media Engagement. Routledge.

Daston, L., & Galison, P. (2010). *Objectivity*. Zone Books.

Davison, W. P. (1983). The third-person effect in communication. *Public Opinion Quarterly, 47* (1), 1-15.

Donsbach, W., & Klett, B. (1993). "Subjective objectivity: How journalists in four countries define a key term of their profession". *Gazette, 51*, 52-83.

Emery, E., & otros. (1996). *The press and America*. Allyn and Bacon.

Entman, R. M. (1993). Framing: Toward a clarification of a fractured paradigm. *Journal of Communication, 43*(4), 51-58.

Faus Belau, A. (1996). *La era audiovisual: Historia de los primeros cien años de la radio y la televisión*. Eiunsa.

Fernández del Moral, J., & otros. (2007). *El análisis de la información televisiva*. Cie Dossat.

Fernández, C. (2011). Identificación y espectacularidad en los espectadores de violencia en televisión: Una reconstrucción a partir del discurso. *Comunicación y Sociedad, 24* (1), 27.

Ferrés, J., & otros. (2011). *Competencia mediática: Investigación sobre el grado de competencia de la ciudadanía en España*. Ministerio de Educación, Gobierno de España.

Ferrés, J. (2000). *Educar en una cultura del espectáculo*. Paidós.

Finn, K.M. (ed.) (2017). *Fan Phenomena: Game of Thrones*. Bristol: Intellect.

Fox, S. (1997). *The mirror makers*. University of Illinois Press.

Gallup (2013). *Gallup.com:* http://www.gallup.com/poll/163412/americans-main-source-news.aspx. (consulta realizada el 31 de marzo de 2025).

Gamson, W. A. (1989). News as framing. *American Behavioral Scientist, 33*(2), 157-161.

García-Noblejas, J. J. (1982). *Poética del texto audiovisual*. Eunsa.

Glessing, R.J. (1971). Underground Press in America. Indiana University Press.

Gitlin, T. (1980). *The whole world is watching: Mass media in the making and unmaking of the New Left*. University of California Press.

Goffman, E. (1986). *Frame analysis*. Northeastern University Press.

González, M. (2017). "Objetividad no es neutralidad: la norma objetiva como método periodístico". *Estudios del Mensaje Periodístico*. 23 (2). Pág. 829-846.

Gozálvez, V., & Contreras, P. (2014). Empoderar a la ciudadanía mediática desde la educomunicación. *Comunicar, 21* (42), 129-136.

Grandío, M. del M. (2009). *Audiencia, fenómeno fan y ficción televisiva: El caso de "Friends"*. Libros en red.

Green, M. C., & Brock, T. C. (2000). The role of transportation in the persuasiveness of public narratives. *Journal of Personality and Social Psychology, 79*, 701-721.

Gutiérrez, A., & Tyner, K. (2013). La alfabetización mediática y digital en el siglo XXI: desafíos y oportunidades. *Congreso Internacional de Comunicación y Educación, 7* (1), 55-70.

Hackett, R. A. (1984). Decline of a paradigm? Bias and objectivity in news media studies. *Critical Studies in Mass Communications, 1* (3), 229-259.

Hall, Stuart (2013). *Estudios Culturales 1983*. Paidós.

Hausman, C. (1990). *The decision-making process in journalism*. Nelson-Hall Publishers.

Hess, S. (1996). *News and newsmaking*. Brookings Institution Press.

Hills, M. (2017). "From Fan Culture/Community to the Fan World. Posible Pathways and Ways of Having Done Fandom", *Palabra Clave*, 20 (4), p. 856-883.

Hobbs, R. (2021). *Media Literacy in Action: Questioning the Media.* Oxford University Press.

Hohenberg, J. (1959). *The Pulitzer Prize Story.* Columbia University Press.

Horton, D., & Wohl, R. R. (1956). Observations on intimacy at a distance. *Psychiatry, 19*(3), 215-229.

Horton, D., & Wohl, R. R. (2006). Mass communication and parasocial interaction: Observations on intimacy at a distance. *Particip@tions, 3* (1).

Jenkins, H. (2006). "Interactive audiences? The 'collective intelligence' of media fans", en *Fans, Bloggers & Gamers. Exploring Participatory Culture.* New York. New York University Press.

Johnson-Cartee, K. S. (2005). *News narratives and news framing: Constructing political reality.* Rowman & Littlefield Publishers.

Kaplan, R. L. (2002). *Politics and the American press: The rise of objectivity, 1865-1920.* Cambridge University Press.

Karimova, L.K., Anna Kirpichnikova. "Counterculture Of 1960-S and «Underground Press» in the Usa". *Propósitos y Representaciones* 9 (SPE2). January 2021.

Kelman, H. (1958). Compliance, identification and internalization: Three processes of attitude change. *Journal of Conflict Resolution, 2,* 51-60.

Korona, L. M. (2013). Integrating Media Literacy Across the Content Areas. *Reading Research Quarterly,* 58 (1), 53-70.

Labrador Blanes, M. J., & Rebell Corella, M. A. Coord. (2013). *La dimensión emocional en el discurso televisivo.* Titant lo Blanch.

Lichtenberg, J. (2000). Defense of objectivity revisited. En J. Curran & M. Gurevich (Eds.), *Mass media and society,* (pp. 238-254). Oxford University Press. (pp. 238-254).

López, J. (2003). *El mito de la objetividad en el periodismo moderno.* Universidad de Murcia. Secretariado de Publicaciones.

Livingstone, S., & Helsper, E. (2022). *Children, Media, and Literacy in the Digital Age.* Polity Press.

Maltby, J., Day, L., McCutcheon, L. E., Gillett, R., Houran, J., & Ashe, D. (2004). Personality and coping: A context for examining celebrity worship and mental health. *British Journal of Psychology*, 95, 411-428.

Mango-Quispe, P., Pérez-Postigo, G., & Turpo-Gebera, O. (2014). Alfabetización mediática y pensamiento crítico en la formación inicial de docentes (Media literacy and critical thinking in initial teacher education). *European Public & Social Innovation Review*, 9, 01-15.

Mathijs, E. (Ed.). (2006). *The Lord of the Rings: Popular culture in global context*. Wallflower.

Medina, M. (Coord.). (2008). *Series de televisión: El caso de "Médico de familia", "Cuéntame cómo pasó" y "Los Serrano"*. Ediciones Internacionales Universitarias.

Merton, R. K. (1946). *Mass persuasion: The social psychology of a war bond drive*. Harper & Brothers.

Millard, André (2012*) Beatlemania: Technology, Business, and Teen Culture in Cold War America*. The Johns Hopkins University Press.

Mindich, D. T. Z. (1998). *Just the facts: How "objectivity" came to define American journalism*. New York University Press.

Pan, Z., & Kosicki, G. M. (1993). Framing analysis: An approach to news discourse. *Political Communication, 10*(1), 55-75.

Pearson, R. (2010). Fandom in the digital era. Popular Communication: *The International Journal of Media and Culture*, 8 (1), 84-95.

Radford, C. (1975). How can we be moved by the fate of Anna Karenina? *Proceedings of the Aristotelian Society*, 49, 67-80.

Reese, S. D., Gandy, O. H., & Grant, A. E. (Eds.). (2001). *Framing public life: Perspectives on media and our understanding of the social world*. Lawrence Erlbaum Associates.

Restrepo, J.D. (2001). La objetividad periodística: utopía y realidad. *Chasqui*, 74, pág. 10-13

Rodrigo, M. (1993). La construcción de la noticia. Paidós.

Rodríguez, R. (1998). La objetividad periodística, un mito persistente. *Revista Latina de Comunicación Social*. 02 (12-23).

Sádaba, T. (2006). *Framing. Una teoría para los medios de información*. Ulzama Ediciones.

Sánchez, E. (1997). *Tom Wolfe y la revolución del Nuevo Periodismo*. Editorial Histórica.

Sánchez, J.J. (2002). *Pulitzer luces y sombras en la vida de un periodista genial*. Eunsa.

Sánchez, J.J. (2011). La denominada perspectiva de género en el ámbito comunicativo. En M. Miranda & D. López (Eds.), *Ideología de género. Perspectivas filosófica-antropológica, social y jurídica* (pp. 293-312). Universidad de Navarra-Promesa.

Schneider, S. (2015). The paradox of fiction. *Internet Encyclopedia of Philosophy*. Recuperado el 25 de marzo de 2025 de http://www.iep.utm.edu/fict-par/

Scott, C.P., *The Manchester Guardian* de 5 de mayo de 1921.

Schudson, M. (1978). *Discovering the news: A social history of American newspapers*. Basic Books.

Schudson, M. (2001). The objectivity norm in American journalism. *Journalism*, 2 (2), 149-170.

Schwartz, A.B. (2015). *Broadcast Hysteria: Orson Welles's War of the Worlds ant the Art of Fake*. Hill and Wang.

Swanberg, W. J. (1967). *Pulitzer*. Charles Scribner's Sons.

Taylor, A. J. W. (2017). "Beatlemania' and Mass Hysteria - Still a Much Neglected Research Phenomenon". *Journal of Psychology & Psychotherapy*.

The Association for Media Literacy. (2025). *Key concepts of media literacy*. Recuperado el 26 de marzo de 2025 de
https://aml.ca/?s=key+concepts+of+media+literacy.

Tuchman, G. (1972). Objectivity as strategic ritual: An examination of newsmen's notions of objectivity. *American Journal of Sociology*, 77 (4), 660-679.

Tuchman, G. (1978). *Making news: A study in the construction of* reality. The Free Press.

UNESCO. (2023). *Global Education Monitoring Report: Technology in Education.* United Nations Educational, Scientific and Cultural Organization.

Waugh, E. (1959). *The life of the right reverend Ronald Knox.* Chapman and Hall.

Williams, Raymond (1961). *Culture and Society: 1780-1950.* Penguin Books.

Wineburg, S., McGrew, S., Breakstone, J., & Ortega, T. (2021). Lateral Reading: Reading Less and Learning More When Evaluating Digital Information. *Teachers College Record*, 123 (2), 1-28.

www.ingramcontent.com/pod-product-compliance
Lightning Source LLC
Chambersburg PA
CBHW051132160726
47997CB00018B/1445